| 최강숙 4집 |

시인의 삶을 그리며

도서출판
열린총회

님께

함께 있으면 좋은 사람에게 이 책을 드립니다.

늘 건강하시고 행복하세요.

드림

날짜 :　　　　년　　월　　일

✽책을 펴내면서

   어느 날, 저는 아무것도 모르는 상태에서 남이 유리벽에 적어놓은 글을 보고 무작정 따라 쓰기 시작했습니다. 그저 글을 쓰는 즐거움에 빠져 시작한 일이었지만, 어느새 "작가"라는 말을 듣게 되었습니다.

   2022년 11월, 제 가슴에 처음으로 꿈이 움트기 시작했습니다. 그로부터 2년이 흐른 지금, 2024년 11월에 저는 4집을 세상에 내놓게 되었습니다. 퇴고도 거치지 않은 채, 글 쓰는 재미만으로 올린 글이지만, 부족한 부분까지 이해하며 봐주신 분들께 진심으로 감사드립니다.

   앞으로는 여러 권을 합쳐 그 중에서 좋은 글을 골라 통권으로 만들어보려 합니다. 그러기 위해선 더 많이 써야겠죠. 자갈밭에서 옥돌 하나를 건지는 것처럼, 꾸준히 글을 써내며 그중 단 하나의 빛나는 글을 발견하는 것이 제 꿈입니다.

제 글을 읽어주시고, 예쁘게 봐주시는 여러분 덕분에 저는 오늘도 글을 씁니다. 부족함이 많지만, 성장하는 작가의 길을 걸으며 여러분과 계속 만나고 싶습니다.

2024년 12월
최강숙 작가

1부 가을 호숫가에

국화꽃 한 아름 ········· 14
입동이 지났는데 ········· 15
떠나는 가을이 ········· 16
화단에 장미꽃이 ········· 17
가을 끝자락에서 ········· 18
바람아 불지 말라 ········· 19
삼손이를 보았다 ········· 20
가을 호숫가에 ········· 21
갈대가 춤을 춘다 ········· 22
단풍잎 사랑 ········· 23
이명 ········· 24
단풍 같은 인생길 ········· 25
생각이 행복을 만든다 ········· 26
가을이 깊어진다 ········· 27
가을바람 ········· 28
가을 향기 ········· 29
낙엽도 제 할 일 다하고 간다 ········· 30
찬바람 불어온다 ········· 31
가을꽃을 소환한다 ········· 32
늙으면 허무한 인생길 ········· 33
맨드라미 꽃 ········· 34
가을이 익어 간다 ········· 35
가을 햇살과 단풍 ········· 36
가을 들녘에 ········· 37
바람이 가을을 내게 ········· 38
가을바람 ········· 39
들국화 꽃차 ········· 40

2부 석양의 노을

가을이 불어온다 ·············· 42
백로 절기 ·················· 43
부러운 보름달 ················ 44
완연한 가을 ················· 45
달님이 가을을 배웅하네 ·········· 46
가을이 왔다 ················· 47
아가씨와 고추잠자리 ············ 48
코스모스 꽃 ················· 49
가을이 우리 곁에 I ············· 50
뭉게구름 ··················· 51
내일이 처서다 ················ 52
가을이 우리 곁에 II ············ 53
각박한 도시 생활 ·············· 54
삶의 푸르름 ················· 55
석양에 노을 ················· 56
우리 웃음꽃 피우자 ············· 57
장미꽃 같은 인연 ·············· 58
능소화 ···················· 59
늦은 여름에 풋 호박 ············ 60
옛날 어느 가을날 ·············· 61
설구화 ···················· 62
도라지꽃 ··················· 63
배롱나무(간 집밥 나무) ·········· 64
여름밤에 추억 ················ 65
소낙비 ···················· 66
삼복더위 선녀탕 ··············· 67
제철 과일 복숭아 ·············· 68

3부 바닷가에서

무더운 한낮에 소나기	70
밤마다 찾아오는 님	71
바닷가에서	72
여름날에 시원한 바람	73
한탄강 비경	74
여름이 짙어진다	75
여름밤 모깃불	76
철 따라 마음에 꽃을	77
빗님이 오시나 보다	78
수평선의 노을	79
떠나는 임이 서러워	80
장미꽃에 숨은 꽃말	81
비 내리는 초겨울	82
고향에 황행정 정자	83
바람과 구름	84
산등성이에 걸린 달	85
수양버들	86
석양이 지고 나니	87
수련 목	88
수련 꽃	89
은어 낚시	90
그림자를 남기려는 삶	91
살구나무	92
물가에 가면 마음이	93
보슬비 내리는 날	94
초여름 염곡	95
바람과 바람개비	96

4부 흐르는 물처럼

똘망똘망한 청매실 ················· 98
길가에 핀 금국 ···················· 99
별빛이 빛나는 밤에 ················ 100
흐르는 물처럼 ····················· 101
그 숲에 가고 싶다 ················· 102
빨간 아카시아꽃 ··················· 103
장미꽃이 반긴다 ··················· 104
해당화 꽃 피는 언덕 ··············· 105
눈 속에 빠진 별 ··················· 106
낮달과 같이 지는 꽃 ··············· 107
석양에 구름이 ····················· 108
달도 차면 기운다 ·················· 109
비 오는 오후 ······················ 110
꽃은 사계절 핀다 ·················· 111
비가 온다. 여름을 재촉하는 ········ 112
바람 따라가는 님 ·················· 113
장미꽃이 웃고 있다 ················ 114
조용한 새벽녘 ····················· 115
청산에 노래자랑 ··················· 116
떠나기 싫어하는 님 ················ 117
또 한철이 시작된다 ················ 118
인생길 ···························· 119
보리밭에 ·························· 120
봄은 가려 하는데 ·················· 121
비가 알아서 온다 ·················· 122
저 높은 산등성에 ·················· 123
마을 앞 당산나무 ·················· 124

5부 꽃바람 부는 날

아름다운 왕벚꽃 ………………………… 126
봄날에 밤비 ……………………………… 127
오월의 장미꽃 …………………………… 128
흐르는 물을 보며 ………………………… 129
예쁜 도화꽃 진자리 ……………………… 130
나무 열매와 넝쿨 열매 …………………… 131
봄비 내리는 날 …………………………… 132
상추와 쑥갓 ……………………………… 133
그리운 옛날 ……………………………… 134
물레방앗간 ………………………………… 135
서글픈 그 님 ……………………………… 136
철쭉꽃 ……………………………………… 137
모순된 이름의 꽃 ………………………… 138
무릉도원 …………………………………… 139
사월의 환희 ………………………………… 140
양귀비꽃 …………………………………… 141
바람이 불어오면 …………………………… 142
개나리 진달래꽃 …………………………… 143
비 온 후 ……………………………………… 144
봄은 생명을 잉태한다 …………………… 145
목련의 비애 ………………………………… 146
봄이 오니 좋다 …………………………… 147
보고 싶은 친구들 ………………………… 148
꽃잎 날리는 날 …………………………… 149
꽃바람 부는 날 …………………………… 150
개나리꽃이 피면 ………………………… 151
별 나비 신이 났네 ……………………… 152

1부

가을 호숫가에

국화꽃 한 아름

저녁노을 예쁘게 물든
서쪽 하늘에 철새들 집
찾아가는 길이 바쁘다.

국화꽃 향기 한 아름
가슴에 안고 임님 찾아
가는 길 별님이 반기고

노란 국화꽃 하늘에서
별이 되어 깜빡거리고
붉은 국화꽃은 이내
가슴에서 널을 띈다.

입동이 지났는데

입동이 지났는데 가을이
가기 싫어 집 앞에 앉아 있다.

높은 산에는 단풍잎 떨어져
앙상한 가지에 찬바람 불고

우리 집 앞 감나무 감 누렇게
익었는데 잎은 아직 푸른 청춘일세

때가 되면 가고 오는 것이
순리인데 안 가겠다 앉아 있다.

찬 서리 맞고 핀 국화꽃
이라면 예쁘게 봐 주겠다만.

떠나는 가을이

떠나는 가을이
마지막 잎새를
데리고 가려 한다.

바람이 불 때마다
가녀린 손 나무 끝
붙들고 떨어지지
않으려고 안간힘을
쓰고 힘겨워한다.

바람아 그만 불어라
나 보기도 안쓰럽다.
예쁜 단풍잎 하나 주워
책갈피에 꽂아 놓고
생각날 때 한 번씩 봐야겠다.

화단에 장미꽃이

요즘 날씨가 아침에는
쌀쌀한 데 새벽부터

누구를 기다리기에
방긋이 웃고 서 있을까.

눈웃음만 웃지 말고
하하하 소리 내어 웃어야

님이 찾아올 것 아니냐
해가 뜨면 벌 나비 너를
찾아올 것이다.

가을 끝자락에서

아침저녁으로 쌀쌀한
바람이 불어오는
가을 끝자락에 서 있는

저 은행나무 찬바람에
노랗게 질려서 덜덜덜
떨고 한잎 두잎 떨어져
떠날 채비 한다.

찬바람 따라 남쪽 찾은
철새들은 인솔자 따라 질서
정연하게 어디론가 떠나간다.

가을이 가려 하니 내 가슴
한구석이 서리가 내려앉은
것 같은 기분이 든다.

가을아 조금만 더 있다
가려무나 내 가슴에 서리나
녹은 다음에 가거라.

바람아 불지 말라

그 곱던 단풍잎
바람에 날아가니
서글픈 생각이 든다.

살랑살랑 불어온
바람에 단풍잎 한 잎
두 잎 떨어져 간다.

날아가는 단풍잎
바라보니 멀리 떠난
내 님이 그리워진다.

님 계신 곳엔 예쁜
국화꽃만 피어있어
꽃향기 전해 왔으면.

삼손이를 보았다

힘이 세어 석조건물
기둥을 부수고 얼마나
행패를 부렸으면,

지금도 주상절리 흔들
다리 기둥을 받쳐 들고
있게 하였을까.

예수님같이 모든 사람들
구원은 하지 못할망정
행패는 부리지 말았어야죠.

가을 호숫가에

잔잔한 호숫가에
가을이 찾아왔다.

낮에는 철새들
찾아와서 노닐면

바람이 단풍잎 배 띄워
자맥질을 돕는다.

밤이면 별님이 찾아
물속 깊이 불 밝히고

아침이면 호숫가에
물안개 피워
평온을 되찾는다.

갈대가 춤을 춘다

계곡에서 바람이 불어오니
갈대 흰 머리카락
풀어헤치고 춤을 춘다.

산등성에 모든 나목들
벌거벗기 싫어 고운 옷
붙들고 바람 그치길 기다린다.

갈바람 불어오니 갈대
홀씨 뿌려 좋은가 예쁜
단풍잎 떨어져도 아랑곳
하지 않고 춤만 추는구나.

나도 저 단풍잎 지기 전에
집사람과 한탄강 주상절리
단풍 구경이나 가야겠다.

단풍잎 사랑

내가 좋아하는 단풍잎
하나 주워들고 바라본다.
고운 색 빨갛게 물들일
때 얼마나 힘들었을까.

하고 생각을 해본다.
그 싱그런 녹색 위에 덧
칠한 것도 아닌데 속까지
알록달록 칠을 하였을까.

젊어서는 내 님의 손도
손톱에 매니큐어만 칠
했는데도 주름 없이
고왔었는데 생각하니
눈시울이 뜨거워진다.

이명

내 몸 안엔 곤충들이
즐겁게 노래할 수 있는
음악당인가 보다.

여름철에는 매미가
더운데 그늘에서 쉬어
가라고 노래를 하고,

가을밤엔 귀뚜라미같이
놀자 울어대니 귀뚜라미
잠재울 방법이 없구나.

너희들 그만 그쳐다오
나도 내 님과 같이 오손
도손 꿈속을 헤매련다.

단풍 같은 인생길

비가 그치고 바람이
불어오니 산등성에

물 들이지 않고
마른 잎 바람에 날아간다.

쌀쌀한 산등성이에
노을이 곱게 물들어

단풍을 대신하여 석양을
아름답게 치장을 한다.

우리 황혼은 마른 잎 아닌
고운 단풍으로 가길 바라네.

생각이 행복을 만든다

세월이 가니 봄이 오고
여름도 오고 가을이 와

예쁜 단풍 바람에 날려
우리 마음을 서글프게 한다.

하늘을 날아가는 기러기
끼룩 끼룩 살기 좋은 곳

찾아가는 데 우리는 한
곳에서 모든 것 다 누리니

어이 더 복을 간구하랴
행복은 생각에 있지 않을까.

가을이 깊어진다.

좁다란 산길 가엔 들국화
피어 가을을 알리고

들녘 길가에 코스모스 꽃
예쁘게 피여 고추잠자리 부르고

오가는 길가 감나무에 감
제법 누렇게 물들어 간다.

가을이면 찾아드는 철새
무리 지어 찾아오는데

밤이면 울어대는 저 부엉이
울음 서글프게 울어댄다.

가을바람

가을바람이 살랑살랑
불어온다. 나뭇잎 곱게
단장하고 나들이 준비한다.

바람이 거세게 불어오니
고운 잎 떨어져 구경도
하지 못하고 떠나간다.

임과 같이 떠나려 하는데
네가 나를 먼저 보내려
하니 내 가슴에 멍이 든다.

가을 향기

가을 향기
가슴에 담고 가세요.

그리고 그리우면
꺼내 보세요.

좋은 생각만 하세요
좋은 생각이,

행복을 가져다
줄 것입니다.

단풍잎 떨어진다
서글퍼 말아요.

우리 곱게
물들어 갑시다.

낙엽도 제 할 일 다하고 간다

예쁘게 물들여 보는
사람 마음 흐뭇하게 하고

떨어져 바람에 날려
물 위에 떨어져도

저 만의 작품을 만들어
저에 아름다움을 알린다.

마지막까지 아름다운
세상을 만들려는 단풍이
정말 아름답다.

찬바람 불어온다

찬바람 불어오니
철새들도 바람 따라

조금이나마 따뜻한
고향을 찾는구나

그 님 오신다면 나도
예쁜 단풍 색으로 곱게

단장하고 님 마중하련
만은 소식 알 길이 없네.

가을꽃을 소환한다

가을꽃을 소환한다니
죄지은 것도 없는데

들국화 노랗게 질려서
어찌할 바를 모른다.

비탈진 언덕에 흐드러지게
핀 구절초 꽃 하얗게 웃고,

서리도 내리지 않았는데
화단에 국화꽃 멍울져

예쁘게 입 벌리고 님과
눈 맞추고 방긋이 웃는다.

늙으면 허무한 인생길

어려서 소꿉놀이하던
어렸을 때가 생각이 난다.

너는 아빠해 나는 엄마 할 테니
지금부터 소꿉놀이하는 거다.

그렇게 사금파리 깨진 것
주워다 놓고 소꿉놀이하며

인생을 배워가던 어릴 적이
뇌리를 스쳐간다.

나이 들어 늙어지니 태어나
인생 시작할 때가 그리운가 보다.

맨드라미 꽃

울타리 가에 장닭 벼슬
닮은 빨간 맨드라미 꽃

닭 볏 을 만들겠다고
제멋대로 머리 위에

벼슬 달고서 암 닭이
찾아오기를 기다린다.

암 닭은 오지 않고 노란
병아리만 찾아와 놀잔다.

가을이 익어 간다

올가을 풍년들면 시집
보낸다던 우리 부모님
입가에 웃음 열렸네

들녘에 곡식들은
부끄러워 고개 숙이고
뒤꼍에 감나무에 감

얼굴 빨갛게 물들어
싫은 내색하지 않고
성숙함 표현한다
.

가을 햇살과 단풍

낮에는 따스한 가을 햇살
논밭에 내려앉아 곡식들
알알이 영그러 가게 하고

밤에는 찬 바람 밤이슬이
높은 산 나뭇잎 곱게 물들여
색동옷 갈아 입힌다.

머지않아 젊은 친구들
임 찾은 산행에 고운 옷 입고
반기면 힘이 저절로 나겠다.

가을 들녘에

모처럼 들녘에 나오니
시원한 바람이 반긴다.

논둑길에 코스모스 한들거리고
고추잠자리 춤을 춘다

논에는 황금빛 물결이
바람 따라 일렁이고 있다.

큰 길가엔 포도 상자 높이
쌓여 사람들 눈을 유혹하고

길가 숲의 밤나무에 밤송이
방긋방긋 입 벌리고 웃고

집사람같이 따라 웃으며
손으로 밤송이 가리킨다.

바람이 가을을 내게

언덕 위에 바람이 내
품으로 가을을 데려오니

가을 따라온 곡식들은
알알이 여물어

내게 고개 숙여 인사하고
산비탈에 밤나무엔

밤송이 벌어져 속살
들어내어 방긋이 웃고 있다.

가을바람

시원한 바람 불어와
나뭇잎들 이리저리 뒤적이며
예쁘게 물들인다.

온다던 그 임은 보이지 않고
곱게 단장한 아가씨들
유랑길 떠난다.

허전한 내 마음 달랠 길 없으니
애태우며 기다리는
이내 마음 그이는 아시려나.

들국화 꽃차

가을엔 들국화 꽃차가
생각이 난다.

옛날에 할머님께서
봄엔 참꽃 따다 술 담그시고

가을이면 노란 들국화
꽃잎 따다 그늘에 말려서

국화차 만들어 드시게
유리병에 담아서 할아버지

사랑방에 하얀 사기 주전자에
물 떠다 놓으신다.

생각만 해도 국화차 향기가
내게 가을을 알리는 것 같다.

2부
석양의 노을

가을이 불어온다

저 산비탈에 가을이
춤을 추니 갈대숲이

힘없이 하얀 머리카락
휘날리며 고개 숙인다.

단풍잎 하나둘 가을
바람 따라 길 떠나고

양지쪽들에 들국화는
향기 풍겨 님께 전한다.

백로 절기

오늘부터 하얀 이슬이 풀잎에
내려 맺힌다는 이십사절기 중
열다섯 번째인 백로다.

무 배추 등 가을 채소 자라기
알맞은 기온과 습도를 맞춰 주니
옛날 선인들이 잘 만드셨다.

달을 보고 책력을 만들어
농민들과 고기 잡는 어민
들게 사용하게 하셨으니
대단한 사람이 많았나 보다.

옛날 분들 주역을 통달하면
천기를 다 깨우친다고 하였다.

부러운 보름달

저해 뜨는 곳에서
보름 저녁이면 활짝
웃는 얼굴하고 나타나

전등불도 없던 시절에
온 대지를 환하게
밝혀주니 작은 낮이 된다.

지금도 저 달님은
변함없이 산과 바다 어디고
웃음으로 감싸안는다.

내 마음속에 새끼 달 하나
끌어안고 모든 이에게
희망의 빛 고루 나눠 줄 수
있었으면 좋으련만.

완연한 가을

하늘엔 뭉게구름
예쁘게 스케치 해놓고
우리들 시선을 유혹하고,

들판엔 어설픈 허수아비
보이지 않고 누렇게 익은
곡식들 머리 무겁다고
고개 숙인다.

들길엔 코스모스 예쁘게
분장하고 임 기다리는데
임은 보이지 않고 가을
소리만 들린다.

달님이 가을을 배웅하네

쌀쌀한 밤하늘에
쓸쓸하게 달님이
서쪽 하늘을 쳐다본다.

떠나는 가을이 아쉬워
붙잡을 수 없어
따라가고 싶은 모양이다.

가을 늘 조심히
다녀오라고 불 밝혀
배웅하는 달님이 처량하다.

창밖엔 달님 닮은
노란 국화꽃이 추운 줄도 모르고
달님만 바라본다.

가을이 왔다

가을이 오지 않을 것 같던
시골 들판에 시원한 바람 불어와
허수아비 잠 깨운다.

햇볕은 따뜻하니
곡식들 누렇게 익어가고
농민들 마음은 곡간이 되어
부푼 꿈으로 채워간다.

풀섶에 풀벌레 가는 세월이
서러워 섧다 울어대니
늙은이 마음도 서글퍼진다.

아가씨와 고추잠자리

서풍이 불어오니 코스모스
허리를 가누지 못하고
한들거리고 춤을 춘다.

그 위를 고추잠자리 앉으려다
못 앉으니 코스모스 꽃이
더 신이 나서 허리 잡고 웃는다.

임 마중 나온 아가씨들
본연의 생각은 깜빡 잊고 잠
자리하고 술래잡기한다.

코스모스 꽃

가을바람이 살랑살랑 불어
코스모스 허리를 살짝살짝
만지고 지나간다.

예쁘게 색색으로 화장하고
님 마중 나온 아가씨
얼굴이 홍당무 되는구나.

성숙한 아가씨 부끄러워
하면서도 싫은 내색하지 않고
고추잠자리 반갑게 맞는다.

가을이 우리 곁에

서풍이 불어오니 바람은
서늘해도 햇볕은 따뜻해

모든 과일과 곡식이 익어 가니
우리들의 마음도 풍요로운
마음에 같이 익어간다.

내 마음 한편에 내 님이
좋아하는 빨간 사과나무
한 그루 심어야겠다.

뭉게구름

시원한 바람 불어오고
하늘에 뭉게구름

하늘이 스케치북 인양
예쁘게 그림을 그린다.

길가에 핀 코스모스 꽃
예쁘게 피워 임 마중한다.

잠자리 꽃밭에서 짝을
찾은 건지 가을맞이를 한다.

내일이 처서다

서늘한 바람이 불어
온다는 처서가 온다.

무 배추 모종들이
고향에 보내달라고

모종판 안에서 기다
리며 주인님 찾는다.

다른 친구들은 벌써
터 잡아 뿌리내려

잘사는데 나는 언제
주인 만날까 얘네 운다.

가을이 우리 곁에

들판에 올벼는 노릇
하게 고개 숙이고

서풍은 갈대숲 흔들며
노래하라고 재촉한다.

들녘 길가에 코스모스
색색으로 예쁘게 피어

잠자리 불러들여 꽃
위에 앉히고 웃고 있다.

각박한 도시 생활

세월 가니 도시에 생활이
각박하게 느껴진다.

성냥갑 같은 아파트에
가 쳐서 밤이면 밖에
나갈 일이 없다.

그러니 가로등 불 아래서
하늘 쳐다볼 일이 없다.

옛날 친구가 생각이 난다.
보름달이 뜨면 친구들과

메밀꽃 구경하던 것이 좋아
그때를 회상하여 본다.

삶의 푸르름

마음속에 희망이라는
삶의 꿈이 있어
즐거움과 행복의 삶에

거름하고 물 주어 푸른
마음에 희망을 걸어본다.
한 살이라도 젊어서

그이와 못 가본 곳
내 발로 걸을 수 있을 때
함께 추억을 남기고 싶다.

그 바람도 건강이 받쳐
주어야 한다 한 사람이
불편해도 이룰 수가 없다.

석양에 노을

해님이 산마루를 붉게
물들이고 산 넘어 바람이
노을 향기 찾아 불어온다.

님도 향기 싫은 바람 따라
밤에라도 좋으니
찾아 주셨으면 버선발로
마중하련만,

아직은 때가 되질 않아서
소식 알 길 없다 하니
이내 마음 찬 서리 냉가슴
누구에게 하소연할까.

우리 웃음꽃 피우자

언제 보아도 아름답다
당신은 우리 집에 꽃이다
내가 보아서 아름다우면 꽃이다.

사람의 웃음꽃은 봄여름
가을 겨울 가리지 않고
꽃 피울 수 있다.

살아가는 동안 따뜻한
온정으로 서로를 보살피면
엄동설한에도 꽃이 핀다.

장미꽃 같은 인연

화단에 하얀 장미꽃
연분홍 장미꽃이

서로를 바라보며 활짝
웃고 있다.

예쁘다고 서로를 칭찬
하고 있는 것 같다.

하얀 장미꽃은 청순
깨끗함이 존경스럽고

분홍 장미꽃은 온화하고
다정함이 마음에 든다.

저런 인연이 짝이 된다면
참으로 행복할 것 같다.

능소화

한여름 뙤약볕에
오지 않은 님 기다리다

햇볕에 붉게 물들어
님이 보면 수줍어서

고개도 못 들고 얼굴
붉히며 다소곳이

있는 것 같아 예쁘게 보이겠다.

밤낮을 뜬 눈으로 얘네
울며 기다리는 것 뉘라서 알아줄까.

늦은 여름에 풋 호박

장마 끝난 후 부드러운
너를 나는 제일 좋아한다.

옛날 어머님이 나물을
해주어도 맛이 있었고

새우젓 넣고 찌개 끓어
주어도 맛있게 먹었다.

맛이 좋아 너를 좋아하니
입이 너를 가만두지 않는다.

지금도 가끔 집사람의
너의 부침개 일품이다.

옛날 어느 가을날

어느 가을날 이른 새벽에
나 홀로 산책길에 나선다.

숙소를 나와 호수 구경 좀 하고
돌아올 생각에 길을 나서

호수 접어드니 동이 트인다.
짙은 안개가 걷히니

단풍이 호숫가를 물들인다.
잠자는 그이 깰까 혼자 온 게 아쉽다.

참으로 아름다운 풍경이다.
그곳에 다시 한번 가보고 싶다.

설구화

탐스럽고 청결하게
활짝 피어 님 찾아왔나

이 더운 날씨에 소리도
없이 방긋방긋 웃고

님이 저만치에 있는데
말도 못 하고 방긋이

웃고만 있을까 저쪽에
님도 방긋이 웃으며

벌 나비 불러들여 님께
쪽지 써 주며 전해준다.

도라지꽃

들녘에 외로이 피어
사방을 두리번거리며

누구를 찾는 것인지
외롭고 서글퍼 보인다.

네 님 찾은 것이라면
네가 찾지 않아도 보랏빛

너의 꽃이 아름다워서
님이 먼저 찾아올 것이다.

배롱나무 (간 집밥 나무)

너는 늦은 봄부터
꽃피워서 가을 늦게까지

님 기다리는 너는
부끄러워 사람 손만

네 몸에 데어도 간지러워
온몸을 바르르 떠니

네 님은 수줍어서
어떻게 보려는지 네 볼이

수줍음 못 이겨 붉다
못해 연분홍빛으로 발했다.

여름밤에 추억

달도 없는 깜깜한 밤에
별과 반딧불이 반짝반짝

깜빡깜빡 자기들과 같이
놀자 유혹을 한다.

그렇지 않아도 허전한
마음을 어찌 알고 나를

위로하려 찾아왔나 보다.
풀벌레 노래하고 호수엔

별들 반짝반짝 춤을 추고
들에는 반딧불이 깜빡깜빡
장단을 맞춘다.

소낙비

화가 난 저 검은 구름
무엇이 마땅치 않아
검은 근육 키워가며

무섭게 눈물 흘리면서
달려온다. 더위에
님이라도 쓰러지셨나

우두두두 쏴아 싹싹
모든 걸 다 깨끗이 쓸고
갈 심산인가 많이도

눈물을 쏟는다. 많은
눈물 흘리고 나니 마음
진정이 되었나 조용하다.

삼복더위 선녀탕

삼복더위인 요즘에는 어디를 가나
푸른 숲이 우거져 우리를 반긴다.

반기기보다 우리가 숲속
그늘진 계곡을 찾아간다
찾아간 곳이 하필이면,

출입 금지 구역이란다.
선녀탕이 있어서 사내들은
들어오면 안 되니 초입에서
조용히 놀다 가란다.

강원도 인제에 옛날 생각이
나서 십이선녀탕 생각하며

제철 과일 복숭아

이맘때면 제철 과일
복숭아가 생각난다.

봄이면 예쁜 아가씨
연분홍 옷 화려하게 입고서

봄나물 캐는 아가씨
마음 설레게 하더니

이제는 컸다고 발그레
얼굴에 화장하고

향긋한 향수까지 뿌리고
사람들 유혹을 한다.

3부
바닷가에서

무더운 한낮에 소나기

갑자기 검은 그림자
온 천 지를 뒤덮는다.

천둥번개 번쩍번쩍
우르르 쾅쾅 하늘에

봇물이 터졌나 쏟아
붓는 물 폭탄에 놀란

강아지 마루 밑으로 들어간다.
한참 만에

언제 비가 왔나 싶게
해님이 쨍하게 떠 있다.

밤마다 찾아오는 님

님이 오시나 보다.
베란다 밖에 창문을
똑똑 노크하는 것이

님이 오셔서 잠자는
나를 깨우나 보다
지금같이 부 드려 운

소리로 깨우면 자장가
삼아 꿈속에서 너와
산책이라도 하련마는

내가 보고 싶다고 너무
자주 찾아오지 말아라
네 눈물에 옷 마를 날이 없다.

바닷가에서

바닷가 모래언덕에
앉아 멀어져 가는 배
바라보다 사색에 잠긴다.

저 배는 어디로 가는
배일까 저 넓은 바다를
외롭게 항해한다.

높은 파도는 만나지
않기를 마음속으로 빌어본다.
무사하시길,

저 떠나가는 선장의
임도 나와 같이 떠나가는
저 배 바라보고 있을까.

여름날에 시원한 바람

뜨거운 한낮에 시원한
바람 불어와 땀 흘리며

일하는 임의 몸을 슬며시
어루만지며 지나간다.

삼배 적삼 입은 임의 옷에
향기를 뿌려주고 간나보다.

임의 몸에서 땀내가 아닌
내게는 특유의 향기가 난다.

한탄강 비경

내가 옛날 군 생활 할
때가 생각이 난다.

저 멀리서 보면은 평지
같은데 닦아 가서 보면
이런 곳이 있나 싶다.

푹 꺼진 화강암 절벽
아래로 물이 흐르고
봄이면 진달래 철쭉꽃

절벽을 예쁘게 물들이고
가을엔 단풍이 알록달록 물들어,

보는 이들 마음을 현혹시켜
발길을 붙잡아 머물게 한다.

여름이 짙어진다

산야에 여름은
푸르름으로
향기 물들이고

계곡물 웅덩이엔
가제 챙이 밑에
새까만 알 달고

임 찾아 해산할
자리 봐달라고
나와 기어다니고

계곡 위 비탈에
개복숭아 어미 손
붙잡고 늘어진다.

여름밤 모깃불

옛날 여름날 저녁이면
마당 한쪽 끝에
모깃불 피워놓고

처마 끝 마당 한 가운데
평상에 누워
님의 별 찾아보다

비슷한 별 하나둘
따서 호주머니에
넣어놓고 그중에서

찾으려다 나도 모르게
잠이 들어 주머니 속
님의 별도 꿈속을 헤맨다.

철 따라 마음에 꽃을

내 마음에 꽃 한 그루
심어놓고 물 주어 가꾸면
마음에 꽃 예쁘게 피리라

철 따라 바꾸어가며
화사한 꽃 가꾸면 얼굴에
밝은 꽃이 피어 젊음이,

철이 바뀌어도 그 꽃은
시들지 않고 향기 풍긴다.
가을엔 단풍 곱게 물들고

겨울에는 하얀 눈꽃으로
모두를 공평하게 베풀어
다 함께 웃음꽃 피워보자.

빗님이 오시나 보다

그 님이 오시려나 보다
검은 구름 앞장세워 몰고
오는 것이 성난 모양이다.

네가 화를 내면 죄 없는
나는 어찌하란 말이냐
네가 화내는 모습 안 보련다.

날 찾아오려거든 곱게 살며시
왔다 조용히 웃으면서 가면은
나도 웃는 얼굴로 배웅하련만.

수평선의 노을

어느 날 해변가 모래사장
그이와 거닐며 밀려갔다
밀려오는 바닷물 바라본다.

바라보는 바다에 파도가
갑자기 붉은 빗으로 물들어
수줍어 고개 숙이고 온다.

가깝게 보이는 수평선이
빨갛게 물들어 밀려오는
파도가 얼굴 붉히며 유혹한다.

앞서가던 그이가 나오기를
기다렸다 슬며시 팔짱을 끼며
손으로 수평선을 가리킨다.

떠나는 임이 서러워

무슨 맺힌 사연이
많아 어제 저녁때부터
울먹이더니 기어이
눈물을 흘린다.

가시는 임 전송하려
갔다가 나오는데 먼 길
떠나는 임도 서러움
못 참고 소리 내어 운다.

누구나 만남은 반갑고
헤어짐은 서운한 법이지만
아주 못 본다 생각이 드니
슬픔에 눈물 인가 보다.

장미꽃에 숨은 꽃말

빨간색 장미꽃 예쁘고
정열적인 웃음으로
유혹하지만 그 웃음

속에 가시를 숨기고
있으니 예쁘다고 함부로
대하면 가시에 찔린다.

노란색 장미꽃은
질투는 하여도 우정과
평화를 중요시하니
친구 해도 무방할까 한다.

분홍색 장미꽃 앞뜰에
심어놓고 행복한 사랑
꿈꾸며 사는 것도 좋을
것 같은 생각이 든다.

비 내리는 초겨울

날씨가 추웠으면
하얀 눈이 펑펑 내릴 텐데

초겨울이라서 인지
가을인지 겨울인지 모르게

비가 촉촉이 내린다.
이 비가 그치고 나면

급격히 날씨가 추워질 텐데
높은 산에는 같이 못 간

아기단풍잎 팔랑팔랑
손짓하며 엄마 품을 찾는다.

고향에 황행정 정자

한여름 점심 먹고 일터로
나가기 전 황행정 정자에서
오침을 즐기던 님들은

지금은 다 먼 나라 떠나고
정자마저 사라지고 없는데
정자에서 바라보다

내려가서 미역감던 배짱 소
가 있어 마음을 달래 주려고
소에 물은 말없이 흐르고 있다.

바람과 구름

저 구름은 어디서 와서
어디로 가는 것일까.

어제는 검은 구름이
하늘을 덮고 울고 있었는데

오늘은 울고 있던 하늘에
뭉게구름이 웃는 얼굴하고

바람 부는 데로 두둥실
길 떠나가고 있다.

웃는 얼굴로 떠나가니
보고 있는
내 얼굴에 웃음꽃 핀다.

산등성이에 걸린 달

저 산등성이에
걸터앉은 달 잡아타고

임과 함께 별나라
구경이나 하고 싶다.

어디라도 그이와
함께 떠난다면

즐겁고 행복하게
꽃밭 하나 만들면서

봉긋이 피어나는
꽃봉오리 바라보며

행복 찾아가련만 은
그임이 어느 별에 계실까.

수양버들

옛날 시골 마을 아래
물레방앗간 앞 수양버들

봄이면 제일 먼저
연둣빛 머리 곱게 빗고

임 기다리더니 지금은
수줍은
모습 보이지 않으려고

연둣빛 머릿결 푸른 머플러
둘러쓰고 짝 찾은 연인

땅에 닿게 가려주며
마음 놓고 놀다 가라 한다.

석양이 지고 나니

오로라가 서쪽 하늘에
예쁘게 색칠을 하고 있다.

늙어서 황혼에 임 찾아
나섰는데 임은 보이지 않고

누구를 위해 화려한 카펫을
펼쳐놓고 손님을 기다린다.

늙어서도 여행이 즐거우니
구경이나 실컷 하다 가세.

수련 목

들에서 꽃 피는 네가
닮을 것이 없어서

물 위에 떠서 꽃피우는
수련을 닮아 수련 목

이라 이름 지어 부르느냐
네가 아무리 사모하여

수련 닮은 꽃을 피워도
호수에서 자라는 임 과는
어울릴 수가 없겠다.

수련 꽃

물 위에 둥둥 떠서
발도 땅에 딛지 못하고

서로의 팔 벌려 잡고
녹색 잎 동글동글

평수 넓혀 물 위에
자기들 마을을 만든다.

한여름 뙤약볕에
물고기들 그늘을 만들어 주고

동그란 잎 위에 연꽃 닮은
조그마하게 꽃피워

호숫가를 거니는
사람들 시선을 사로잡는다.

은어 낚시

옛날을 회상하며 마음속으로
은어 낚시를 해본다.

보성강과 섬진강 이 만나는
압록강에서 은어 낚시를 한다.

미끼도 없이 낚시를
한다.씨은어로
유인해서 동료를 잡는다.

자기구역 침범하지 못하게
쫓으려다 뒤쪽 낚싯바늘에 걸린다.

조금만 양보하고 같이
사이좋게 지냈으면서
은어 낚시가 없었을 것이다.

그림자를 남기려는 삶

사람들은 누구나 세상에
태어나 이세를 남긴다.
그러나 요즘엔 짝지여 살아도
자식 낳을 생각을 하지 않는다.

자신들 편하게 지낼 것만
생각하고 애를 낳지 않는다.
그러니 자식 기르는 재미와
사랑을 애완동물들에게 쏟는다.

그렇지 않으면 잘 되어서
세상에 이름이라도 남겨야
할 텐데 그것은 더욱더
쉽지가 않네요.

살구나무

봄이면 예쁘게 꽃피워서
아가씨들 마음 설레게
하던 살구나무

연둣빛 짙어지고 그사이
노란 열매 방울방울 매달고
아낙네들 마음을 현혹한다.

골목길 지나던 아줌마
노랗게 익어가는 탐스러운
열매 바라보며 침만 삼킨다.

물가에 가면 마음이

나는 호수나 바닷가에
가면 마음이 평온해진다.

호수에 낚싯대 드리우고
찌 바라보고 있자면

반짝반짝 윤슬이 내
마음을 평온하게 해준다.

밤이 되면 풀벌레 노래하고
물에 빠진 별들 깜빡깜빡
춤을 춘다.

보슬비 내리는 날

아침부터 비가 내리니
옛날 생각이 난다.

이맘때 비가 내리면
감자 한 소쿠리 찌어놓고

할아버님 오시라고 해라
나는 방문 열고 할아버지

감자 드시래요. 할아버지
나오시면서 하시는 말씀

부지런한 사람 일하기 좋고
게으른 사람 낮잠 자기 좋게
비가 오는구나 하신다.

초여름 염곡

산야에 녹음방초 우거져
보는 이의 마음을 숲으로
오라 부르고

창문만 열어도 싱그러운
냄새가 코끝을 간지럽힌다.

꽃은 지고 없어도 연녹색
잎이 한층 더 푸르다.

소나무엔 솔방울 올망졸망
내려다보는 눈이 즐겁다.

바람과 바람개비

바람이 불면 돌아가는
바람개비 누구를 보며

무슨 생각 하며 돌아갈까.
바람 따라 임 오실까

바람 부는 곳 바라보며
신나게 돌아가다가 바람

그치니 어지러워 멍하니
제자리에서 방향을 모른다.

임 오셔도 모르겠다 정신
차려 웃으며 임 마중 가야겠다.

똘망똘망 청매실

봄내 상춘객들 마음
설레게 하던 매화꽃

어느새 꽃 진 자리에
똘망똘망한 청매실

주렁주렁 매달고서
새벽이슬 머금고서

임 손길 기다리는 데
그 임 오지 않아 이내

마음속에 몽우리 만
커져 뼈가 되는구나.

길가에 핀 금국

길가에 노랗게 꽃피워
바람 불면한들 거리며
꽃향기 멀리 날린다.

제 위치 널리 알려 임
찾은 것이니 벌 나비
좋아하는 향기 풍긴다.

그 향기에 취해 벌들이
많이 찾아주었으면
좋으련만 정들었던 벗

임들은 이 고운 향기도
맡지 못한다는 것인가
서산에 지는 꽃은 향기가 없다.

별빛이 빛나는 밤에

얼마 만에 바람도 없는
조그마한 호숫가를
혼자서 거닐어본다.

밤이라서 그런지 더
운치가 있어 보인다.

호수에 별이 빠져서
반짝이고 있고.

그에 맞춰 개굴개굴
개구리 합창을 한다.

이럴 때 내 옆에 친구
라도 같이 왔으면 하는
생각을 해본다.

정말 이름다운 밤이다.

하늘에 별똥별 떨어지다
나뭇가지에 걸려
호수에 빠지지 않는다.

흐르는 물처럼

흐르는 물 어디서 만나
던 제 한 몸 되어 안아주고
부족한 곳 채워가며 흐른다.

처음 만났는데도 바로 한
몸 되어 졸졸 노래하며
흐르니 노랫소리 흥겹다.

뭐든 맺힐 일을 만들지
않는다. 크나큰 저수지나
댐을 만나면 다 채우고,

넘는 물처럼 우리네 인생
모든 부족한 것 채워주고
내 몸이 짠 바닷물이 되리라.

그 숲에 가고 싶다

예전에 자주 가던 그
숲길에 가면 지금도
날 기다리는 임계실까.

숲속 길 가만가만
걸어가다 까투리 새끼
파닥대면 가슴에 안고

노란 꾀꼬리 날아가며
길 안내하던 숲속 길
지금도 그 임 기다릴까.

계곡물에 발 담그고
가재 잡던 그 웅덩이도
내 체온 그리워하지 않을까.

빨간 아카시아꽃

멀리서 바라보니
어여쁜 아가씨들이

녹색 치마에 빨간
저고리 입고 길가에서

너울너울 손짓하며
누구를 기다리고 있다.

한달음에 달려가 예쁜
얼굴 쳐다보니 저녁에

비가 와서인지 벌임이
보이지 않는다. 비가 향기를

씻어가 임이 찾아오지 못
한 것인가 빗님이 야속하다.

장미꽃이 반긴다

밖에만 나가면 장미꽃이
방긋방긋 임을 반긴다.

요즘엔 색깔도 예쁜 색
골라서 화장하고 웃으니

오가는 사람들 눈요기
하기 딱 좋은 계절이다.

너희들이 오가는 사람들
마음을 흐뭇하게 한다.

실록의 계절이 온다 하여
떠날 생각 아예 하지 마라.

해당화 꽃 피는 언덕

바닷바람 불어오는 모래
언덕에서 누구를 기다리기에
예쁘게 단장하고 앉아 있을까.

비바람 몰아쳐도 미동도 하지 않고
임 소식 기다리는데
파도 소리만 철썩철썩 되고
갈매기 슬피 운다.

비바람이 거세게 불어오니
바다만 바라보는 아가씨 얼굴
수심이 가득하여 눈물 흘린다.

눈 속에 빠진 별

애처로움. 마음속
깊이 감추고

하늘에 별이 되려
태연한 척

빛을 반짝이는
개똥벌레

아무리 반짝여도
별이 될 수 없으니

그 별은 눈동자 깊은
물속으로 빠져든다.

낮달과 같이지는 꽃

늦은 밤에 만나
낮달과 같이지는 꽃
행여 그 님이 오실까.

기다리고 기다리다
오늘도 그 님 만나지 못하고
발길 돌리는 이 가슴엔

붉지 못한 멍이 들어
해가 뜨면 낮달과 같이
떠나야 한다네

기왕에 떠날 바엔
아침 이슬에 세수하고
웃으면서 떠나야겠다.

석양에 구름이

석양에 구름이 불붙었다.
저 높은 산등성에 노을이
아름답게 그림을 그린다.

어느 화가가 저렇게
그림을 잘 그린단 말인가.
빨갛게 불꽃을 지핀가 하면

검붉은 색으로 사물을
자유자재로 연출을 한다.
정말로 아름다운 그림이다.

저 그림 한 폭 뚝 떼어다
액자에 넣어서 화방에다
걸어놓으면 화방이 밝겠다.

달도 차면 기운다

모든 것이 만족할 순 없다.
달님도 하루하루 배불러
둥근 보름달이 되어간다.

인생의 삶도 만월이 되면
만족할 줄 알아야 한다.
욕심부려도 만월은 기운다.

달이 차면 기운다는 말은
욕심 많은 이들 자신의 뒤를
돌아보라는 훈시인가 싶다.

둥근 달도 보름이 지나면
하루하루 제 살 갈 거 먹고
살다가 끝내는 자취를 감춘다.

비 오는 오후

님 보겠다고 웃고 찾아온
예쁜 얼굴이 흠뻑 젖었다.

비가 자주 오니 울타리
옆에 바짝 기대여 서 있다.

빗물 뚝뚝 흘리면서도
싫은 내색하지 않고 웃고

기다리는 네 마음이 고와
가상히 여겨 빗님도 그친다.

꽃은 사계절 핀다

꽃은 언제 보아도
아름답다 내가 보아서
아름다우면 꽃이다.

복수초 얘기 동백은
흰 눈이 오는
겨울에도 꽃이 핀다.

진흙 속에서 자라
꽃피운 연꽃도
예쁘게 꽃을 피운다.

우리도 황혼에 갓난
아이처럼 순진하게
꽃피우며 살아갑시다.

비가 온다. 여름을 재촉하는

비가 촉촉이 온다.
여름을 재촉하는 비가 온다.

이 빗물 마시고 나면
연둣빛 잎 짙어져 초록으로

산야를 물들여 젊음을 과시하며
손님들 초대한다.

새들은 짝지여 집 짓고 알
나아 새끼 볼 마음에 즐겁다.

매미들 짝 찾느라 울어대니
즐겁던 새들 마음 울적해진다.

바람 따라가는 님

봄바람이 마지막
봄 향기 싫고 불어온다.

그 님은 따뜻한 햇볕
아래 봄 향기 좋아한다.

바람이 봄 향기 싫고
떠나가면 님도 향기 따라

떠나가겠지만 그 님
붙잡지 못해 내 속만 탄다.

장미꽃이 웃고 있다

요즘에 날씨가 변덕을 부린다.
울다가 웃다가

기분이 좋으면 웃고
마음에 들지 않으면
눈물 흘리는데

집 앞에 장미꽃은
방긋방긋 웃고 있다.

빨간 정열적인
얼굴 하고서
가는 사람 오는 사람

빤히 쳐다보며 웃으면서
인사하니 오가는
사람들 기분이 좋아진다.

조용한 새벽녘

새벽에 눈을 뜨니
3시에서 4시로 접어든다.

정말 조용한 새벽이다.
창밖에 가로등 불빛이

골목길을 환하게 비추어
조용한 적막을 깨뜨린다.

오가는 사람 하나 없어도
밤새워 거리를 비춰준다.

불빛이 훌륭한 파수꾼이
되어 길거리를 지켜준다.

동이 트이기 시작한다.
밤새운 파수꾼이 잠에 든다.

청산에 노래자랑

산에 가니 조용하리라
생각했던 푸른 숲에서
노랫소리가 들린다.

우리들 반기는 축하연
이라도 하려나 작은 새
한 마리 날아가며 노래한다.

가던 길 멈추고 길옆
바위에 앉아 쉬는데
내가 관객이 되어
노래를 듣고 있다.

무대는 보이지 않은데
여기저기서 노래 연습을
하고 있나 화음이 듣기 좋다.

떠나기 싫어하는 님

그 님이 떠나기 싫어서
어제 종일 눈물 흘리더니

오늘도 체념하지 못하고
순간순간 눈물을 흘린다.

네 눈물 받아먹고 장미꽃
활짝 피여 방긋방긋 웃고

장미는 님이 와주셔 좋다고
부끄러워 머리도 못 들고

얼굴 붉히며 님이 오셔서
반가워서 흐르는 것인가
눈가에 눈물이 흐른다.

또 한철이 시작된다

오늘이 어린이날 이자
여름의 문턱에 들어서는 입하다.

여름을 재촉하는 비가
보슬보슬 내리는 아침

교회 가는 길에 어린이
데리고 나가는 차가 한
대도 보이지 않는다.

야외 나가는 것을 비가
허용하지 않으니 아이들

먹을 것으로 입이라도
즐겁게 해주어야 하겠다.

인생길

사람이 태어나 엄마 품을 떠나면
그때부터 배우며 성장하기 시작한다.

기고 일어나기를 수없이 반복해
일어서면 걷기를 수없이 넘어지고
일어나 걷는다.

그렇게 평생을 배우며
살아가는 것이 인생의 삶이다.
젊어서는 배우고 깨우치며 살아간다.

나이 들어 배우면 뒤돌아서면
잃어버린다. 그러다 보면 다시
엄마 품속으로 돌아가는 것이 인생길이다.

보리밭에

청보리 익어갈 무렵
종달새 하늘 높이 날고

산속에 머루 다래
예쁘게 커가는 봄의

끝자락에 풀숲에는
모든 새들 보금자리

만들어 알 낳아 품고
귀여운 새끼 볼 마음에

내 배 곱은 줄도 모르고
새끼 볼 마음에 해 저문 줄 모른다.

봄은 가려 하는데

꽃이 피고 지고 또
피는 꽃들은 향기가
짙은 꽃들이 많이 있다.

벌들이 제일 좋아하는
시기인가 봅니다.
아카시아꽃 찔레꽃

향기가 벌들을 유혹하니
벌들이 정신없이 역사를 한다
벌들은 이때가 추수철이다.

참으로 안타까운 일이다.
열심히 꿀 따다 저장해
놓으면 사람이 다 가져간다.

비가 알아서 온다

올봄엔 비가 적당히
알아서 물을 뿌려준다.

산과 들에 녹음이
우거지니 새들은 풀숲과

나무 위에 짝 찾아
집 짓기에 여념이 없다.

밭에 농사짓는 사람들 힘드실까 봐
알아서 빗물 뿌려준다.

다 알아서 잘 돼가는데
서민들 물가는 고공행진
을 멈추지 않는다.

저 높은 산등성에

저 높은 산등성에
구름이 걸려있다.

저 제 넘어 누가 살기에
꼭 거기를 들려서 갈까.

내 고향은 남쪽인데
그쪽으로 가는 배는
보이지 않는다.

내가 보고픈 친구들은
어디에서 무엇하고 있을까.

남쪽에서 바람 불 때 너희
향기라도 전해주면 너희들
향기에 취해보고 싶다.

마을 앞 당산나무

늦은 가을 찬 바람에
마른 잎 다 떨구고

찬 서리 눈비 다 맞으며
견딘 네가
더운 여름날을 위해

이제는 완연한 그늘을
만들어 손님 맞을 준비를
다 하는구나

네가 만든 그늘 밑, 정자
오가는 모든 사람의

휴식처가 되어주니 쉬고
가는 모든 이가 고맙게 여긴다.

5부

꽃바람 부는 날

아름다운 왕벚꽃

저만치 길가에서
왕벚꽃이 웃고 있다.

예쁘게 웃고 있어서
목소리 들으려고

달려가 보았더니
왕벚꽃 나무 위에서

꾀꼬리 한 마리가
울고 있는 것이다.

결국엔 웃음소리도
못 듣고 새 눈물도 못 봤네.

봄날에 밤비

차가운 밤비가 내린다.

창밖에 감나무 봄비 한
모금에 연둣빛 잎 짙어져
꽃망울 만들기에 바쁘다.

과일나무 중에 제일 늦게
꽃피우는 대추나무 너도
이번 빗물 축적했다,

꽃피워서 열매 만들어
부지런히 키워야 추석 상에
오를 것 같다.

오월의 장미꽃

얼마지 않아서 오월이
오면 덩굴장미 아가씨가

빨간 스카프 얼굴에 두르고
녹색 치맛바람에 날리며
님이 오시길 기다리신다.

그 님도 화사하고 예쁜
아가씨 웃는 모습 보면서

반가워서 입가에 흐뭇한
웃음 짓고 손 벌려 기뻐한다.

흐르는 물을 보며

어느 날 홍천에서 오는 길에
춘천 어느 계곡이 좋다기에
무작정 따라나선다.

계곡 초입에는 기념품 가게들이
즐비하게 있어 내 눈을 자꾸 홀려간다.

조금 들어가니 나지막한 폭포가
시원한 물소리를 내며 떨어진다.

철 계단을 올라가 떨어지는
물을 바라보며 생각해 본다.

내 마음도 부딪쳐 부서지고
떨어져 합해지는 물 같이

평온을 바로 되찾으면 하는
생각을 해본다.

예쁜 도화꽃 진자리

예쁘게 피운 복숭아꽃
진자리에 뭐가 그리
바쁜지 늦게 떨군 꽃자리
뭉실뭉실 방울 달아

바람 불면 떨어질세라
아기 무게 가늠하여
안고 있는 가지 손바람
따라 흔들흔들 춤을 춘다.

애지중지 키운 자식
두어 달 키워 장가보내려
노란 옷 붉은 옷 번갈아
입 펴본다. 유월 말엔 장가보내겠다.

나무 열매 와 넝쿨 열매

열매를 맺은 나무나
넝쿨 열매는 봄이나
여름에 꽃을 피워서
열매를 보살펴 키운다.

큰 나무가 열매를 크게
키울 것 같지만 그것은
아니다. 사람이나 동물
젊어서 아이나 새끼 키우듯

나무도 젊어야 많이
열리고 굵게 열린다.
그러나 넝쿨 열매는
단 연생인데도 사람이 들
수 없을 만치 큰 것도 있다.

봄비 내리는 날

봄비가 소리 없이
내리는 날 차창밖엔
군데군데 겨울이 왔다.

하얀 눈이 녹지도 않고
비를 반기고 있는 것
같이 꼼짝도 않고 서 있다.

비탈진 밭에는 사과
꽃과 배꽃이 내 눈을
환한 눈밭으로 만들어

나를 기분 좋은 나래로
나를 데려간다. 모든
것이 생각하기에 달렸다.

상추와 쑥갓

너를 보면 옛날에
고향 시골이 생각이
머리에 떠오른다.

어머님 야채 밭에
나가 상추와 쑥갓
한 바구니 뜯어오신다.

깨끗이 씻어 상위에
올려놓으신다. 온
가족이 쌈을 다 좋아한다.

점심때면 식은 밥에
상추쌈이면 별 반찬 없어도
밥 한 그릇 뚝딱이다.

그 쑥갓과 상추쌈
내가 제일 좋아하여
매일 같이 너를 찾으련다.

그리운 옛날

봄이 오니 여기저기서
꽃들이 만개하니
울긋불긋 예쁘다.

오가는 아낙네들 옷
색깔도 화려하게
꽃이 피어 완연한 봄을 알린다.

내 마음에 봄은 먼
고향에서 흙 내음 맡으며
향수를 달래고 있네요.

물레방앗간

별빛이 쏟아지는 여름밤
물레방앗간 뒷전에서
두 사람 거쳐 할 곳 만들면
오겠다던

그 님은 동지섣달이 지나
꽃 피는 봄이 왔건마는
소식 알 길이 없으니

성숙한 아가씨 가슴은
애가 탄다. 물레방아는
돌아가는데 이내 가슴
어디에 하소연할까.

저 별들은 알고 있을 텐데
방아 물에 편지 띄워볼까
저 꽃향기에 실어 보내볼까.

서글픈 그 님

몇 날 며칠을 님 부를
꽃피우겠다고 준비한다.

날씨가 따뜻해지니
바쁘게 화려하게 꽃피워

오가는 사람들 눈요기
하기 바쁘게 바람에
힘없이 떨어져 날린다.

그렇게 빨리 갈 거면
뭐 하러 서둘러 꽃피워

사람들 다니는 길 위에
카펫을 깔아주고 있느냐.

철쭉꽃

아파트 앞 화단에
철쭉꽃이 나를 보고
반갑게 부른다.

네가 내 마음을 어찌
그리 잘 아느냐
네 꽃을 좋아하는 것을

연분홍 꽃잎 따서
안사람 입에 물려주며
립스틱 색이 곱다.

한 것 기억하고 있을까.
며칠만 더 있으면
예쁘게 필 것 같다.

모순된 이름의 꽃

새싹이 뽀짝이 나왔는데
꽃이라 불리는가

너야말로 무슨 사연 있기에
꽃 소리를 좋아하는가

서지도 못한 어린 너를
할미꽃 몽우리도 맺지 못한
너를 보고도 할미꽃

다 늙어서 허리 구부리고
머리도 못 들고 핀 꽃도
꽃이라 부르니

전생에 피워보지 못한 한
이라도 가슴에 있나 보다
잊어버리고 지내기 바란다.

무릉도원

저 넓은 계곡 분지에
예쁜 꽃이 흐드러지게 피어있다.

양지바른 저 밭에 짙은
분홍 꽃이 예쁘게 피었다

멀리서 봐도 예쁜 꽃이
많이 피어있어 저기가

어디냐고 여쭤보니 복숭아
밭이란다 정말 아름답다.

저런 곳을 무릉도원이라
하는가보다 살기도 좋겠다.

사월의 환희

날씨가 따뜻해지니
여기저기서 꽃들이
저마다 화려하게
치장하고 님 마중한다.

진달래 개나리꽃
만발하여 님 오시길
기다리니 살구꽃
배꽃도 분칠하고
님 마중 하러 간다.

여태껏 소식 없던
양지쪽 벚꽃도 입
벌리기 시작하니
이 삼일 후면 활짝
웃고 님 마중 가야겠다.

양귀비꽃

한들 한 달 하늘거리는
몸매에 커다란 머리에

예쁜 꽃 피워서 많은
사람들의 눈과 마음을

현혹시켜 마음을 뺏어
너를 사랑하게 만들어

놓은 너야말로 마법의
주인 아낙네 언제까지

사람들의 마음을 뺏어
가야 하는가.

바람이 불어오면

봄날에 꽃바람 불어오면
꽃향기 따라오신다 던

그 님은 남녘땅에 봄꽃이 다
저 가는데 무슨 꽃향기를
좋아하시는지 알 길이 없네.

지난해만 같아도 진달래
벚꽃이 만개했을 텐데

올해엔 날씨가 추워서
이제 피기 시작한다.

님이 오지 않으시니
날씨가 야속하기만 하네요.

개나리 진달래꽃

따뜻한 양지쪽 저만치
아지랑이 아른거리고,

졸졸 흐르는 개울가에
개나리꽃 줄지어 피었다.

양지바른 야산에 연분홍
진달래꽃이 활짝 피어있다.

노란 저고리에 연분홍
치마 입은 아가씨들 님 마중

나왔다가 개나리 와 진달래
꽃 한 아름씩 안고 간다.

비 온 후

비가 오고 난 후
여기저기서 꽃이 핀다.

각자의 색깔로 아름답게
화장하고 피어나고,

들녘엔 연둣빛으로
물들어 아낙네들 부른다.

아낙네들 바구니에
봄나물이 가득 담기니

저녁상엔 봄 향기가
가득해 입맛을 돋운다.

봄은 생명을 잉태한다

봄이 오니 모든 만물이
생명을 연장할 새싹을
새로이 키워 꽃을 피운다.

모든 과실나무들 꽃
예쁘게 피워 향기까지
풍겨서 벌들 불러들인다.

다 자기들 만에 후세를
얻기 위한 대리 수정하기 위해
향기로 벌들 불러들인다.

봄은 모두에게 시작의 계절이다.
사람들도 씨 뿌려 야채와 곡식을 얻는다.

목련의 비애

순백의 순결하고 고귀한
자태에 반한 너에 님이

먼 길 떠나려니 발걸음이
떨어지지 않아 뒤돌아본다.

가슴에 담고 무거운 발길
돌리려니 서글픈 생각이 든다.

자 목련 너는 예쁜 얼굴에
몸매까지 바쳐 주니 떠난
님도 찾아오겠다.

봄이 오니 좋다

봄이 오면 날씨가
따뜻해서 좋다.

봄이 오면 꽃들이
반겨주니 좋다.

꽃만 보아도 내 마음
기분이 좋아져서 좋다.

봄이 오면 연둣빛
짙어지고 활기를 찾는다.

나도 봄기운 받아서
이 봄을 힘차게 살아 보련다.

보고 싶은 친구들

봄이면 그 친구 생각난다
산과 들에 울긋불긋 치장하고,

봄나들이 나와 우리들 기다리는
그 친구 어여쁜
그 모습이 내 마음을 유혹한다.

유혹하지 않아도 복사꽃
분홍빛이 내 가슴에 남아
빨리 오라 손짓한다.

앞산에 복사꽃 곱게 피는
봄이 오면 내 마음도 너를
찾아 고향으로 달려간다.

꽃잎 날리는 날

바람이 불어 꽃잎이
떨어져 허공에 날리면
밝고 즐겁던 내 마음이
허전해진다.

나를 보고 방긋방긋
웃고 좋아하던 꽃이 내가
싫어 떠나는 것 같아서
미안한 마음이 든다.

바람아 그만 불어다오
꽃 구경나온 사람들 편하게
꽃들과 사귀고 즐겁게 구경
하였으면 좋겠다.

꽃바람 부는 날

남녘땅 산과 들에
꽃바람 불어오면
꽃무늬 신에 고운 옷
갈아입고 님 오신다.

너도나도 좋아하는
그 님이 활짝 웃고
모든 상춘객들 맞으니
여기저기 봄 잔치다.

노란색 하얀색 붉은 꽃이
조화를 이루는데 구경꾼들
옷 꽃 색깔 휘영청 한 봄이로다.

개나리꽃이 피면

시골집 울타리에 개나리
꽃이 피면은 노란 병아리
울타리 사이로 넘어간다.

어미 닭 새끼 부르는데
노란 병아리 노란 개나리
꽃잎 뒤에서 꽃잎만 쪼아댄다.

병아리가 다 크면 어미 마음
알려나 행여나 내 새끼 어디
다치지나 않을까 꼭꼭 덴다.

새끼 사랑은 사람이나 짐승이나
똑같을진대 가축을 보고서야
어머님의 소중함을 안다.

벌 나비 신이 났네

봄날이 따뜻하니 벌들이
신이 났다. 꽃들이 만개하니
여기저기 꽃 찾아 인사 바쁘다.

나비들도 덩달아 이리저리
꽃과 풀 섶에 찾아다니며
뽀뽀하며 인사하기 바쁘다.

따뜻한 봄이 오니
모두가 좋아서 방긋방긋 입가에
웃음꽃이 떠날 줄을 모른다..

제목: 시인의 삶을 그리며
―――――――――――――――――――――――

초판 1쇄 인쇄 2024년 12월 02일
초판 1쇄 발행 2024년 12월 10일

지은이: 최강숙
펴낸이: 서인석
편집 및 디자인: 서인석· 서윤희
펴낸곳: 도서출판 열린동해문학
<등록 제 573-2017-000013호>
주소; 충북 청주시 서원구 모충로 65-2 1층 (모충동)
HP: 010-7476-3801
팩스: 043-223-3801
―――――――――――――――――――――――

ISBN 979-11-986990-6-0 (03800)

  이 책의 판권은 저자와 출판사의 동의 없이 무단 및 복제를 금합니다. 파손된 책은 구입처에서 교환하여 드립니다. 이 도서의 국립중앙도서관 및 서지정보유통지원 시스템 홈페이지(http://seoji.nl.go.kr)와 국가자료공동목록시스템 (http:nl.go.kr/kolisnet)에서 이용하실 수 있습니다.